Anonymous

Unparteiische Darstellung der Gründe

welche die französische Regierung bewegen sollen, Frieden zu machen

Anonymous

Unparteiische Darstellung der Gründe
welche die französische Regierung bewegen sollen, Frieden zu machen

ISBN/EAN: 9783744676618

Hergestellt in Europa, USA, Kanada, Australien, Japan

Cover: Foto ©ninafisch / pixelio.de

Weitere Bücher finden Sie auf **www.hansebooks.com**

Unpartheiische

Darstellu[ng]

der Gründe

welche

[d]ie französische Regi[erung]

bewegen sollten,

[je]ho Frieden zu machen

Schon so manches Jahr verheeret der Dämon des Kriegs die blühendsten Länder Europens, und stürzt ein Volk nach dem andern in Jammer und Elend, dessen unabsehbare Folgen die Nachwelt noch lange schmerzlich empfinden wird. Zwei der furchtbarsten Mächte unsers Erdballs, Oesterreich und Frankreich, kämpfen nun schon fünf Jahre mit äusserster Anstrengung und Tapferkeit gegen einander. Europa staunt das sich hier in seinem vollen Glanze zeigende Genie, die Kriegstalente und Geschicklichkeit der grösten Feldherrn beider Nationen, den unbesiegbaren Muth ihrer Heere, und ihre grossen Thaten an. Fast eben so lange dauert der Kampf Frankreichs mit England, der grösten Seemacht des Erdbodens, auf den Meeren der alten und neuen Welt. Müde dieses langen und heftigen Kampfes sehnen sich die

friegenden Mächte nach Ruhe und Frieden von
allen Seiten, aus jedem Munde ertönt es:
Friede! Friede!

Schon zu Anfang dieses Jahres hofften wir
Alle auf die Erfüllung dieses gerechten Wun=
sches: aber Frankreichs Beherrscher beschlossen
noch einen Feldzug zu wagen, und dadurch den
Kaiser zu nöthigen, alle Bedingungen einzu=
gehen, die sie vorschlagen würden. Dieser Ver=
such mißlang. Jetzt scheint die französische Re=
gierung den Wünschen ihrer Nation mehr Gehör
zu geben: auch England hat beschlossen, einen
Gesandten mit Vollmacht zu Friedensunterhand=
lungen nach Paris abzusenden. Unser edeldenk=
fender Kaiser, der das Glück und die Ruhe
seiner Völker von ganzer Seele wünscht, bietet
schon längst die Hände zu einem billigen Frieden.
Sollten wir ihn also nicht endlich zu erhalten
hoffen?

Vielleicht gelingt mirs, indem ich hier die
Gründe, welche Frankreich zu einem bal=
digen Friedensschlusse bestimmen sollten, ohne
Schminke und Partheisucht, wie es einem wahr=
heitsliebenden Deutschen ziemt, aufzustellen
suche, einige Gemüther zu beruhigen, deren
Hoffnung, weil sie bisher öfters getäuscht wor=

den ift, schon wieder zu sinken beginnt. Sie
mögen diese Blätter aufmerksam und ohne Vor-
urtheil lesen, und dann zu ihrer eigenen Beru-
higung das Resultat daraus ziehen, daß die
Erfüllung ihrer Wünsche nicht lange mehr ausbleiben kann, nicht lange mehr ausbleiben wird.
Vielleicht bin ich auch so glücklich, manchen,
der die großen Angelegenheiten unserer Tage zu
einsichtig betrachtet, durch einige belehrende Winke
Gelegenheit zu geben, den wahren Gesichtspunkt,
aus welchem die jetzige Lage der ganzen Sache
angesehen werden sollte, aufzufinden. Fern sey
es von mir, politische Prophezeihungen auszu-
kramen! Denn wie oft haben Umstände, die
nicht vorausgesehen werden konnten, und der
schnelle Wechsel der launenhaften Göttin For-
tuna die politischen Wahrsager in diesem Kriege
zu Schanden gemacht! Auch bin ich nicht so
vermessen, die Art und Weise vorher bestimmen
zu wollen, wie allenfalls der Friede geschlossen
werden könnte. Dieses läßt sich ohnmöglich voraus sehen. Jeder mag hierüber im Stillen seine
Vermuthungen hegen: sie aber der Welt vorzu-
legen, halte ich für sehr überflüssig. Daß man
jetzo Frieden machen könne, darüber ist nur eine
Stimme, sowohl in den Cabinetten der Großen,

als in allen Privatgesellschaften, die sich mit
dieser Frage befassen. — Daß Frankreich
jetzo Frieden machen solle und müsse,
wenn es noch größern Ruin vermeiden,
und endlich wieder einmal das schon
so lange zertrümmerte Gebäude seiner
Wohlfarth dauerhaft zu gründen an=
fangen will, dies getraue ich mir aus vielen
Gründen zu behaupten.

Zuerst die Uebersicht dieser Gründe, welche
hernach weiter ausgeführt werden sollen.

1) Die Siege der kaiserlichen Heere in Deutsch=
land seit dem 21. Aug. können Frankreichs
Gewalthaber theils von den großen Hülfs=
quellen des Kaisers, theils von ihrem Un=
vermögen belehren, ihre neuerlich gefaßten
Plane auszuführen, wonach sie ihn durch
einen gewaltigen Einbruch in seine Staa=
ten zum Frieden zwingen wollten.

2) Durch die unermeßlichen Requisitionen,
und schrecklichen Plünderungen und übri=
gen Mißhandlungen haben die neufrän=
kischen Soldaten einen großen Theil der
deutschen Bürger und Bauern so sehr ge=
gen ihre Armeen erbittert, daß jeder künf=

tige Verfuch, den Krieg auf die rechte
Seite des Rheins zu spielen, scheitern
muß.

3) Hierzu tragen auch die vier Rheinfeftun=
gen, vorzüglich der formidable Zuftand
von Mainz, viel bey.

4) Durch den diesjährigen Feldzug sind zwei
ihrer ftärkften Armeen äufferft zerrüttet
worden.

5) Die Lage ihrer italienifchen Armee, welche
große Gebirgsketten, eine ftarke Feftung,
und ein aufs neue sich verftärkendes Heer
vor sich, und ein über die bisherige Be=
handlung mißvergnügtes Volk im Rücken
hat, ift zu bedenklich, als daß Frankreich
auf sein bisheriges Glück große Hoffnun=
gen bauen könnte.

6) In Belgien, Lüttich und den Ländern zwi=
schen der Maas und dem Rhein ift ein
großer Theil des Volks aus vielen Grün=
den, vorzüglich über die Einziehung der
geiftlichen Güter sehr schwierig, und war=
tet nur auf Gelegenheit, sein bisher ge=
tragenes Joch abzuschütteln.

7) Auch ein großer Theil der Bataver, durch
den Verluft der schönften Colonien, und

die Zerſtöhrung des Handels aufgebracht, wartet nur auf günſtigere Umſtände, um ſich von Frankreich loszureißen.

8) Die franzöſiſche Regierung kann nie auf reellen Beiſtand irgend einer nordiſchen Macht hoffen.

9) Auf einen Angriff der Türken gegen Deſterreich konnte Frankreich nie weniger rechnen, als jetzo, da ſich Rußland mit Schweden vereinigt hat.

10) Das mächtige Rußland, welches ſo genau mit Oeſterreich verbunden iſt, ſcheint thätigen Antheil an dem Landkriege nehmen zu wollen, wenn er länger fortdauert.

11) Ein längerer Seekrieg mit England droht Frankreich von Jahr zu Jahr größern Verluſt.

12) Der zerrüttete Zuſtand der Finanzen macht es äuſſerſt ſchwer, auf neue weitausſehende Kriegsunternehmungen zu denken.

13) Durch den Frieden allein können Ackerbau, Künſte, Gewerbe und Handlung nach und nach wieder aufblühen.

14) Der allgemeine Wunſch der franzöſiſchen Nation iſt für den Frieden.

1) Es war allerdings ein großer, aber auch sehr gewagter Plan, den das französische Direktorium in dem diesjährigen Feldzuge auszuführen strebte, daß Jourdan durch Franken, Moreau durch Schwaben und Baiern, und Buonaparte durch die Lombardie und Tyrol vordringen, sich vereinigen, in das Herz der österreichischen Staaten eindringen, und so jede Nerve ihrer Gegner zur Fortsetzung des Kriegs lähmen sollten. Ein minder wichtiger Plan gelang im Jahr 1794 durch die Vereinigung Pichegrü's und Jourdans. Dieses mochte die Direktoren verleiten, ohnerachtet der unsäglichen Schwierigkeiten, und nie voraus zu sehender Glückswechsel, ein so außerordentliches Wagstück zu begehen. Wie mißlich war es, den Kern der französischen Mannschaft in eine so ansehnliche Entfernung, wo jede Communication mit dem Mutterlande erschwert wird, mitten in ein großes feindliches Land zu schicken! Wie gewagt, den französischen Soldaten, der so sehr sich nach dem Frieden sehnt, von den Grenzen des Vaterlandes, die er immer mit Wuth vertheidiget hat, zu entfernen, und Oesterreichs großer Heeresmacht in dessen eigenen Staaten entgegen zu stellen, wodurch nicht allein der Krieger, sondern auch alle

übrigen Bewohner gegen ihn erbittert werden
mußten! Wie ausserordentlich gewagt, vier starke
Festungen im Rücken zu lassen, ohne sie ernst=
lich zu belagern, und sich dadurch bey einer
ungünstigen Wendung des Kriegsglücks einem
äusserst gefährlichen weiten Rückzuge preiß zu
geben! Doch was verleitete die französische
Machthaber zu so kühnen Unternehmungen?
Ohne Zweifel die grundlose Vorstellung, daß es
Oesterreich an Menschen, Geld, und andern
Mitteln gebrechen würde, ihren großen vereinig=
ten Armeen zu widerstehen. Der Ausgang hat
das Gegentheil gelehrt. Je mehr sich die deut=
schen Heere ihrem Vaterlande näherten, desto
leichter war es ihnen, sich auf einen Punkt zu
concentriren, große Verstärkungen an Krieger
an sich zu ziehen, und ihre Vorrathskammern
mit Proviant und Munition überflüssig zu füllen.
Der Enthusiasmus der bekriegten Nationen für
ihren geliebten Kaiser, und für ihr Vaterland,
erwachte: viele Tausende ergriffen freiwillig die
Waffen, und eilten gegen die drohende Feindes=
macht. Das reiche Ungarn, das volkreiche
Böhmen und Oesterreich, alles vereinigte sich zu
dem großen Zweck, Deutschland von seinen
Feinden zu befreien. Der thätige Geist des

tapfern genievollen Erzherzogs Carl schuf einen neuen großen Gegenplan, und führte ihn, unterstützt von erfahrnen Generalen und muthvollen Soldaten glücklich aus. Mit großer Macht stürzte er über die vereinzelten Divisionen der Sambre= und Maas=Armee her, und schlug sie in wenigen Wochen von der Donau bis an den Rhein zurück. Seine Unterfeldherrn drängten die Rhein= und Mosel=Armee durch Baiern und Schwaben bis in das äusserste südliche Ende von Deutschland, und nöthigten sie zu einem gefährlichen und äusserst verlustvollen Rückzuge. Die entscheidenden Schlachten bey Amberg, Würzburg, Limburg, am Lech u. s. w. werden ewigbleibende ehrenvolle Denkmahle deutscher Kriegskunst und Tapferkeit bleiben. Auch der Laie in der Kriegskunst sieht ein, daß von Seiten der Franzosen große Fehler begangen worden sind, von denen ich hier einige, andere weiter unten, kurz berühren will. Die Kriegsgeschichte hat von je her gelehrt, wie gefährlich es sey, starke Festungen im Rücken zu lassen, wenn man mit einer Armee vordringen will. Selten gelingt das Einschließen derselben so gut, wie es mit Valenciennes und Conde 1794 gelang. Selbst während des Vordringens vermag die Besatzung durch

Ausfälle manchen Schaden zu thun, und bey einer Retirade bringen die ausfallenden Besaz= zungen die geschlagene Armee in die gefährlichste Lage. Dies erfuhr General Jourdan durch den Ausfall des General Neu aus Mainz, und Moreau durch das Vordringen des General Petrasch aus Mannheim ins Breisgau. Ein anderer Fehler bestand darin, daß sich die beiden französischen Armeen nicht früher zu vereinigen suchten, wodurch sie in den Stand gesetzt wor= den wären, sich länger an den Grenzen von Baiern zu halten. — Endlich mangelte es Jour= dan an Cavallerie. Dieses erfuhr er in den fränkischen Ebenen, wo die trefliche zahlreiche kaiserliche Cavallerie sich unaufhaltbar auf seine Legionen stürzte, zu seinem großen Schaden. Doch auch ohne diese mangelhafte Anordnung würden Frankreichs Heere nicht im Stande ge= wesen seyn, gegen die österreische Kriegsmacht in Oesterreich selbst lange zu stehen, wie jeder einsehen wird, der die oben angeführten Gründe erwägt. Sollte also die französische Regierung, durch die Erfahrungen des vorigen und dieses Jahrs, und durch die Vorstellungen des tief= blickenden edlen Pichegrü's, und anderer erfahr= nen Männer belehrt, nicht endlich einsehen, daß fie unvermögend ift, durch Uebergänge der Armeen über den Rhein die Entſcheidung zu ihrem Vortheile zu lenken? Daß es zwecklos iſt, um der chimäriſchen Hoffnungen der Eroberung des linken Rheinufers willen ſich noch einen Feldzug durch in den dieſſeitigen Ländern herumzutummeln, und durch die ſchrecklichſte Verwüſtung derſelben, und den Tod vieler Tauſende am Ende nichts als noch einen vierten ſchädlichen Rückzug zu erkaufen?

2) Und dieſes iſt jetzo um ſo mehr zu vermuthen, da ein großer Theil der franzöſiſchen Armee durch ein äußerſt unwürdiges Betragen ganze Provinzen unſers deutſchen Vaterlandes ſo ſehr gegen ſich aufgebracht hat, daß es nun faſt keinem franzöſiſchen Heere mehr möglich iſt, weit in Deutſchland vorzudringen, ohne in Gefahr zu ſtehen, abgeſchnitten und aufgerieben zu werden. Durch Jourdans vielverſprechende Proklamation beruhigt, glaubten die deutſchen Bürger und Bauern wenigſtens vor Plünderungen und körperlichen Mißhandlungen ſicher zu ſeyn, und hofften, daß militäriſche Zucht und Ordnung unter den neufränkiſchen Soldaten gehandhabt, und die Verbrecher mit gehöriger Strenge be-

ſtraft werden würden. Doch dieſe Hoffnung
wurde beym Avanciren der Armee ſehr oft, und
bey ihrem Rückzuge faſt immer aufs grauſamſte
getäuſcht. Es giebt gewiß noch viele edelden⸗
fende Officiers und gemeine Soldaten bey den
franzöſiſchen Heeren, (ich ſelbſt habe bey der
Sambre= und Maas=Armee mehrere kennen ge=
lernt), welche die Zügelloſigkeit und Raubſucht
ihrer Kameraden verabſcheuen, und ſo viel ihnen
möglich iſt zu verhindern ſuchen. Aber der Geiſt
der Unordnung iſt zu herrſchend, die Gewohn=
heit zu rauben zu ſehr eingeriſſen, als daß der
beſſere Theil viel dagegen wirken könnte. Dazu
kommt der Mangel an hinreichenden Magazinen,
und der ſchlechte Sold, welcher auch noch in die=
ſem Feldzuge gegeben wurde. Vorzüglich ver=
derblich für den gemeinen Mann iſt das böſe
Beiſpiel, welches ihm viele ſeiner Anführer ge=
ben. Es iſt empörend (ich rede hier als Augen=
zeuge) wenn man ſelbſt Generale und andere
Officiere Städte und Dörfer mit äuſſerſter Härte
ausplündern ſiehet; wenn man ſiehet, wie einige
der erſten Anführer jeden Ort, durch welchen
ihr verheerender Zug gehet, brandſchatzen, und
nachdem ſie ihren eigenen Beutel gefüllt haben,
öfters noch der Plünderung ihrer Rotten preiß

geben. Wer dieses nicht glauben will, gehe in
Franken, Schwaben, die Wetterau, auf den
Westerwald u. s. w., und lasse sich von den
armen Bewohnern erzählen, wie man sie, ohne
daß sie sich zu wehren gedachten, selbst auf den
Befehl der Generale mißhandelt hat. Er wird
bey dem Elend, das durch Erpreßungen, Plünderungen, Mordbrennereien, Mißhandlungen
des weiblichen Geschlechts u. d. g. über diese
Gegenden gekommen ist, schaudern. Ich könnte
durch eine große Menge einzelne Thatsachen, die
außer Zweifel gesetzt sind, dieses weitläuftiger
darthun, wenn es nöthig wäre, und zu mei-
nem gegenwärtigen Zwecke gehörte. Eine der
Hauptquellen des Elends, welches die genannten
deutschen Provinzen, denen doch Schützung und
Sicherung ihres Eigenthums feierlich versprochen
worden war, durch die Invasion der Franzosen
betroffen hat, entstehet aus der zahllosen Schaar
raubsüchtiger Ober- und Unter-Commissäre. Nicht
genug, daß sie für den französischen Staat große
Summen, und für die Armeen Pferde, Lebensmittel, Kleidungsstücke, und tausend andere
Dinge, wovon diese doch wenig bekamen, liefern
ließen, und größtentheils für ihren Nutzen ver-
wendeten: sie machten über dieses noch andere

unerschwingliche Forderungen, die sie sich mit
Gelde abkaufen ließen. Nicht genug, daß ein=
zelne Provinzen, Städte und Dörfer vorzüglich
für alle, zum Theil nur vorgespiegelte, Bedürf=
nisse der bey ihnen einquartirten französischen
Truppen sorgen mußten: sondern jeder Haus=
vater mußte noch besonders für einige, die bey
ihm wohnten, eben so sorgen, als wenn er für
Alle noch nichts beygetragen hätte. Und zuletzt
war nicht selten für alle seine sorgenvolle An=
strengung und Aufopferung noch gänzliche Aus=
plünderung sein Lohn. Daß sich die Sambre=
und Maas=Armee besonders durch Zügellosigkeit
und Wildheit auszeichnete, und in dieser Rück=
sicht sehr gegen die Nord=Armee zurückstehet, ist
allgemein bekannt. In Franken wuchs die Er=
bitterung gegen die erstere noch überdies durch
die Annullirung des Waffenstillstandes in dem
Grade, daß sich viele tausend Landleute zusam=
men rotteten, und ihre Peiniger mit der größten
Erbitterung verfolgten. Auch in den Gegenden
der Lahn sammelten sich ansehnliche Heere von
Bauern mit mancherley Waffen, und verbreite=
ten Schrecken und Verzweifelung unter die flie=
henden Feinde. Nicht minder große Gefahren
und Verlust erlitt Moreau durch den Aufstand

der

der schwäbischen und vorderöstetreichischen Landleute. — Was würde also die Folge eines noch-
maligen Einbruchs der französischen Armeen in
Deutschland seyn? Würden nicht ganze große
Provinzen, die nun einmal ihre Kräfte kennen
gelernt haben, gegen sie in Masse aufstehen, um
das ihnen drohende harte Schicksal mit Gewalt
abzutreiben? Wer zweifelt noch daran, der die
jetzige allgemeine Stimmung des Landvolks beobachtet hat, daß die einbrechenden Heere durch
Elend aller Art, Mangel, Zerstreuung einzelner
Corps u. s. w. in kurzem zu einem noch weit
unglücklicheren Rückzug über den Rhein genöthigt
werden würden? Sollten diese ernstliche Betrachtungen nicht bey der französischen Regierung
ein vorzügliches Gewicht in der Waagschale des
Friedens geben?

3) Eine der Hauptabsichten, warum Frankreich den Krieg so sehr verlängert hat, war,
wie wir Alle wissen, die schmeichelhafte Hoffnung, das linke Rheinufer, und damit große
Handelsvortheile und andere Einkünfte zu erhalten. Um diesen Punkt dreheten sich seit zwei
Jahren alle seine kriegerischen Unternehmungen
in Deutschland. Aber ist dieser Plan wohl aus-

führbar, wenn man solche zahlreiche kriegerische
Heere, und eine Kette von starken Rheinfestungen
vor sich hat? Um Mainz wegzunehmen, müßten
erst Ehrenbreitstein und Mannheim fallen. Das
erstere, eine in der Geschichte dieses Kriegs sehr
berühmt gewordene Bergfestung, ein wahres
Felsennest, war nun binnen Jahresfrist dreimal
vergeblich bloquirt (und das letztemal einige
Monate lang belagert) aber dreimal widerstand
es durch seine trefliche Lage, durch die ruhmvolle
Vertheidigung seines braven Commandanten,
und die tapfere Gegenwehr seiner Besatzung.
Ohne den Besitz dieser Festung fehlt es der fran=
zösischen Armee bey einem Rückzuge an einem
haltbaren Punkte an der Lahn, und die Zufuhr
auf dem Rhein ist gehemmt. Auch ohne den Be=
sitz von Mannheim ist es äußerst schwer und ge=
fährlich, Mainz ernstlich zu belagern. — Und
endlich Mainz selbst, der Mittelpunkt aller Unter=
nehmungen — welche Schwierigkeiten stellen sich
der Eroberung dieses äußerst festen Platzes ent=
gegen? In einer weiten Ebene, an dem Zu=
sammenflusse zweier großen Ströme gelegen, mit
einem Gurt der treflichsten Schanzen und Aussen=
werke umgeben, vom Rhein her durch verschanzte
Inseln und das stark befestigte Cassel gedeckt,

mit einer zahlreichen tapfern Garnison, der es
an nichts gebricht, versehen, kann es lange einem
Belagerungscorps von 40 bis 50 tausend Mann
widerstehen, und seiner vortheilhaften Lage we=
gen immer auf einen baldigen Entsatz hoffen.
Vergeblich lagerte sich ein ganzes Jahr lang, bis
in den Herbst 1795 die Moselarmee am linken
Rheinufer um dasselbe , und suchte durch die
stärksten Verschanzungen ihre Stellung zu be=
haupten. Vergeblich bestürmte es die Sambre=
und Maas=Armee (Sept. 1795), von der rech=
ten Seite. Der unvergeßliche Held Clairfayt
entsetzte es in wenigen Tagen. Vergeblich suchte
es Marceau in diesem Jahre zu bloquiren, und
mußte bey verändertem Kriegsglücke seinen ge=
fährlichen Posten eilends verlassen. Vergeblich
war das Vordringen der französischen Heere bis
in die Mitte von Deutschland, um alle Commu=
nication zwischen den kaiserlichen Armeen und
den Rheinfestungen abzuschneiden. Mainz und
Mannheim im Rücken machten ihren Rückzug
aus Deutschland nur desto unglücksvoller. Kurz,
alle von Frankreich bisher angewandte Bemühun=
gen, um Mainz zu bekommen, sind fruchtlos ge=
wesen. Aber ohne den Besitz dieses Hauptplatzes
ist die Behauptung des linken Rheinufers, und

der daran grenzenden Länder, nicht möglich.
Sollten sich dann die Beherrscher Frankreichs
durch alle diese Erfahrungen nicht überzeugen
lassen, daß dieser Plan nicht ausführbar ist, und
daß eine längere hartnäckigte Beharrung auf
demselben nicht nur eine ganz zwecklose, sondern
auch für Frankreich selbst höchst schädliche Hinder=
niß des allgemeinen Friedens seyn würde?

4) Laßt uns nun einen Blick auf ihre aus dem
dießseits des Rheins gelegenen Deutschland zurück=
gedrängte Armeen werfen. Als sie ins Feld
tratten, waren sie zahlreich, muthvoll, mit
Waffen und Munition reichlich versehen, und
wurden von zwei erfahrnen, des Kriegs kundiger
und tapferer Feldherrn angeführt. Um sie in
diesen Stand zu setzen, mußte fast alle waffen=
fähige junge Mannschaft ausgehoben werden.
Um vordringen zu können, mußten schon manche
hartnäckigte Schlachten und Treffen geliefert wer=
den, wodurch sich ihre Zahl beträchtlich vermin=
derte. Aber welchen Verlust an Menschen, Ge=
schütz, Gepäck u. s. w. erlitten sie in den für sie
so unglücklichen Herbstmonaten dieses Jahres!
Ob es gleich viel zu früh ist, jetzo schon diesen
Verlust einigermaßen genau bestimmen zu wol=

len : so kann man doch, nach allen officiellen
Berichten der kaiserlichen Generalität denselben
als äußerst beträchtlich annehmen. Viele Corps
wurden gänzlich zersprengt und zerrüttet (wie
z. B. das Bernadottische im Spessart); in den
großen Schlachten, worinn die Deutschen siegten,
deckten viele Tausende die Wahlstatt. Und wie
viele starben an ihren Wunden nachher? Wie
viele wurden gefangen? Wie manche wurden
in den engen Pässen und Waldungen von den
Bauern aufgerieben? Diese zerrütteten Heere
sind nun wieder jenseits des Rheins angelangt,
unmuthig, entkräftet, und einer Menge ihrer
Kriegsbedürfnisse beraubt. Alles verwünscht einen
Krieg, der diesseits des Rheins geführt werden
soll, und verlangt nach Frieden. Jenseits dieses
Flusses sind schon eine Menge Ausreißer von der
Sambre= und Maas=Armee in das innere Frank=
reich entflohen, und verbreiten diese niederge=
schlagene Stimmung in ihrem Vaterlande. O
es ist nicht so leicht, diesem Geiste des Unmuths,
dem Mangel an Disciplin und Ordnung entgegen
zu arbeiten! Was für gewaltige Anstrengungen
gehören dazu, solche Heere, die durch einen wei=
ten Rückzug entkräftet, und von den nothwen=
digsten Bedürfnissen entblößet sind, mit allem

diesem wieder zu versehen, und zu organi=
siren! — Und endlich fehlt es auch an Mann=
schaft. Hat nicht Frankreich durch die, sieben
Jahre lang dauernde Revolution, durch den
mörderischen Vendee=Krieg, durch die bürger=
lichen Unruhen in Süden, durch die schrecklich=
sten Catastrophen in seinen Hauptstädten u. s. w.,
unnennbar viele Menschen eingebüßt? Hat es
nicht fünf Jahre lang im Kriege mit acht See=
und Landmächten Hunderttausende verlohren?
Seine jungen Männer, ja viele seiner Knaben,
folgen der Kriegsfahne. Sollen denn auch noch
seine übrigen Hausväter, die dem sinkenden
Ackerbaue so nothwendig sind, sollen seine Greise
noch fechten? Ich erwarte den Einwurf nicht,
daß es dem volfreichen Lande nie an Kriegern
fehlen könne, weil es bisher gegen die öftere
Versicherungen mancher Schriftsteller, deren noch
immer genug in großen Massen aufstellen konnte.
Wenn es ihnen nicht schon zu Anfang dieses Feld=
zugs daran gefehlt hätte, würden sie alsdann
ihre eigenen Grenzen so ungedeckt, und bey dem
Vordringen ihrer Armeen die Rheinfestungen
fast ganz unbelagert gelassen haben? Auch der
reichste Schatz wird endlich erschöpft, und wehe
den Volfsherrschern, wenn sie dieses zu spat ein=

sehen sollten! Doch ich denke nicht, daß sie, durch
falsche Berechnungen ihrer waffenfähigen Volks-
masse irre geführt, oder durch die Hoffnung getäuscht, ihre Mitbürger zur Ausführung er-
oberungssüchtiger Plane immer bereit und willig
zu finden, die Vorschläge zu einem billigen Frieden abweisen werden. Die Zeiten des scheußlichen
Schreckenssystems sind vorbey, wo ein Wink von
dem Tyrannen Robespierre und seiner Gehülfen
hinreichte, ganze Schaaren von Menschen dro-
hend ins Kriegsgetümmel zu treiben. Solche
schreckliche Motive, die zur Ehre der Menschheit
immer nur eine kurze Zeit unter gebildeten Völ-
kern ihre Wirkung thun können, werden die
jetzigen Gewalthaber nicht anwenden können,
und, wie ich von ihnen gern glaube, auch nicht
wollen. Nur der Friede heilt, zwar langsam,
aber doch endlich die Wunden wieder, welche der
französische Staatskörper in den verflossenen sieben, ewig denkwürdigen, Jahren erhalten hat.

5) Wenn wir auch dieses alles zugeben, höre
ich manchen sagen, daß auf weitere sichere Eroberungen in Deutschland nicht mehr zu rechnen
ist: so verheißet doch das bisherige Glück der
französischen Waffen in Italien auf dieser Seite

einen reichen Ersatz, und nicht eher, als diese
Eroberungen für Frankreich ganz gesichert sind,
wird der Friede zu Stande kommen. Aber ich
getraue mir aus der Geschichte dieses ganzen
italienischen Feldzugs eines der beträchtlichsten
Motive für die französische Regierung zum Frie=
den herzuleiten. Es ist wahr, Buonoparte hat
mit Blitzesschnelle und durch genievolle Kriegs=
manövres einer der schönsten Striche Italiens
in Besitz genommen: das Glück, welches ihn
bisher begünstigte, wußte er klug zu benutzen.
Aber noch hat sein Heer keinen festen Fuß in
dem kaiserlichen Italien gefaßt. Wäre der Plan
seiner Waffenbrüder in Deutschland nicht gänz=
lich vernichtet worden; stünden sie noch in einer
furchtbaren Kette durch Franken und Bayern bis
an die Grenzen Tyrols: so würde er es viel=
leicht durch die äußerste Anstrengung und große
Aufopferungen versucht haben, sich mit ihnen
zu vereinigen, und dadurch sich selbst eine sichere
Subsistenz zu verschaffen. Aber die Gelenke die=
ser Kette sind zerrissen, und Buonaparte's Heer
schwebt nun als einzelnes Glied, ohne festen
Halt. Vor sich hat es erstlich die steilsten Ge=
birgsketten, deren Pässe durch Natur und Kunst
fast undurchdringlich gemacht worden sind. Dann

ein von Tag zu Tage sich verstärkendes Heer,
das nicht lange mehr säumen wird, mit verein=
ter Kraft, und einen durch die großen glücklichen
Erfolge in Deutschland verstärkten Muthe los=
zubrechen, und den es bey der veränderten Lage
der Dinge, bey der Nähe der kaiserlichen Pro=
vinzen, und dem erhöhten Enthusiasmus seiner
Bewohner, nicht an Menschenersatz fehlen kann.
Auch die muthigen Bergbewohner Tyrols stehen
in jedem Winkel ihres Vaterlandes bereit, dem
Eindringen des Feindes (so wie sie im Jahr
1703 thaten), aufs nachdrücklichste zu wehren.
Endlich liegt das unbezwingliche Mantua, der
Schlüssel zu Italien, mit Wässer, Verschanzun=
gen, und einer starken Besatzung gedeckt, vor
den fränkischen Heeren: so lange sie diese Veste
nicht besitzen, ist noch kein Fuß breit Land in
der österreichischen Lombardie erobert (wie die
ehemaligen Kriege lehren). Die vergeblichen
Versuche während des Sommers, sie zu über=
wältigen, lassen erwarten, daß dieses bey dem
herannahenden Winter noch weit schwieriger seyn
müsse. Von Unter=Italien her drohet Neapel
mit seiner ganzen Macht hervorzubrechen, und
den Franzosen einen schweren Rückzug zu berei=
ten. Geschähe dieses, und die englische Flotte

wirkte zu gleicher Zeit gegen Livorno und Genua,
so könnte die französische Armee, indem sie sich
nach vielen Punkten theilen, und ihre Haupt=
macht schwächen müßte, in die mißlichste Lage
versetzt werden. Dürfte sie alsdann darauf
rechnen, daß das volkreiche Mailand ruhig blei=
ben würde? Immerhin mag ihr dort eine Par=
thei ergeben seyn: der größere Theil des Volks,
der unter Franzens Scepter zufrieden und glück=
lich lebt, würde sie alsdann gewiß, nach dem
Beyspiele der Deutschen, von allen Seiten ver=
folgen und über die Grenzen drängen. Schon
einige Versuche in Pavia und andern Städten
haben gezeigt, wie schmerzlich diese Nation den
Umsturz ihrer bisherigen politischen Verfassung,
die Beraubung ihrer Kunstwerke, und den dro=
henden Verfall ihrer kirchlichen Einrichtungen
empfindet. Die Franzosen hatten im Mailändi=
schen nie ein dauerndes Glück. Schon jetzo er=
kranken viele Tausende, des dortigen Clima's
nicht gewohnt, und von unerhörten Strapazen
entkräftet. Was für Seuchen drohen ihnen
während eines feuchten Winters in einem Lande,
das von Seen und Flüssen durchschnitten ist!
Aus diesem allem ziehe ich das Resultat, daß
die französische Regierung sehr weißlich handeln

würde, wenn sie das abentheuerliche Projekt, von einer Umschaffung Ober=Italiens gegen seinen Willen in Freistaaten, aufgäbe, und jetzt, da es noch Zeit ist, das bisherige Glück ihrer italienischen Armeen dazu benutzte, um in einem allgemeinen Frieden Vortheile zu ziehen. Zu spät würden sie es bereuen, wenn sie diese Gelegenheit, gegen die Zurückgabe von Mailand einige ihrer von England eroberten Colonien wieder zu erhalten, vorbey schwinden ließen. Was also bey oberflächlicher Ansicht die Einwilligung Frankreichs zum Frieden zu hindern scheint, muß ihm bey reiflicherer Ueberlegung einen der stärksten Beweggründe dazu geben.

6) Wenden wir uns zu den nördlichen Eroberungen Frankreichs in Belgien und Lüttich, so finden wir neue Gründe zu einem baldigen Frieden. Dieses Land hat seit dem Anfange des Kriegs durch mancherlei Wendungen des Schicksals erstaunlich viel gelitten. Bey dem Einbruche Dümouriers 1792 wurde es zwar mehr geschont, als während der zweiten Besitznahme desselben von den Franzosen. Aber einzelne Gegenden empfanden auch schon damals schwere Drangsale. Hierauf wurde es zwei Jahre hindurch der

Schauplatz des fürchterlichsten Kriegs. Durch
Züge zahlreicher Heere, Schlachten, Belagerun=
gen seiner festen Plätze, unzählige kleiner Gefech=
te, wurde jeder Winkel desselben sehr hart be=
lastet, und ganze Strecken wurden verwüstet.
Seit dem es nun unter französischer Bothmäßig=
keit stehet, ist es durch ungeheure Requisitionen,
durch Truppenaushebungen und Plagen aller Art
jämmerlich heimgesucht worden. Und dieses alles
nimmt kein Ende; die Lasten werden täglich
drückender. Endlich sind auch seine geistlichen
Güter eingezogen worden, um dem französischen
Staate neue Resourcen zur Fortsetzung des Kriegs
zu verschaffen. Dieser gewagte Schritt der fran=
zösischen Regierung muß das Mißvergnügen ei=
nes, seinem bisherigen kirchlichen Systeme so fest
anhangenden, Volks aufs höchste stimmen, wel=
ches sich von je her so leicht durch die Geistlich=
keit, (und diese wird schwerlich den tödtlichen
Stoß auf ihr Ansehen und Einfluß ruhig an=
sehen) lenken läßt. — In den harten Kriegs=
jahren 1793 und 1794 zeigte sich überall die An=
hänglichkeit des gemeinen Volks an den Kaiser,
obgleich viele Großen, zu ihrem eigenen Scha=
den, wenig thaten, um ihren Regenten und Be=
schützer zu unterstützen. Auch jetzt ist es nur eine

gewiſſe Parthei, welche der neuern Verfaſſung
feſt anhängt: der größere Theil des Volks
wünſcht auf eine oder die andere Art eine Er-
leichterung ſeines Schickſals. Gewiß, es gehört
eine lange Zeit dazu, bis ſich eine Nation, welche an Sitten, Cultur, religiöſen Meynungen,
ſo ſehr von der franzöſiſchen verſchieden iſt, an
die neue Ordnung der Dinge gewöhnt; und ſollte
Frankreich im Beſitz dieſes Landes bleiben, ſo
könnte nur der wohlthätige Friede die jetzt noch
ſchlaffen Bande nach und nach zwiſchen beiden
Nationen feſter ziehen. Aber ein verlängerter
Krieg und ſteigende Drangſale würden wahr-
ſcheinlich unter den Belgiern einen gefährlichen
Aufſtand gegen ihre jetzigen Beherrſcher verur-
ſachen. Dieſes würde die unſeeligſten Folgen,
für die franzöſiſchen Armeen nach ſich ziehen.
Nicht nur ein großer Theil derſelben müßte ſich
mit der Dämpfung dieſer Unruhen beſchäftigen,
und könnte alſo gegen Deutſchland nicht gebraucht
werden: ſondern auch eine Menge Mittel, welche
bisher von dort zur Fortſetzung des Kriegs gezogen wurden, würden fehlen, und die Sub-
ſiſtenz einer Armee am Niederrhein würde faſt
nicht möglich ſeyn. Würde nicht alsdann das
Eindringen der kaiſerlichen Truppen in die Nie-

derlande sehr erleichtert werden? Und könnte
nicht durch eine Landung der Engländer in Flan=
dern der Krieg auf dieser Seite für die Franzosen
von nicht zu berechnenden bösen Folgen seyn?

7). Aus fast ebendenselben Ursachen, und noch
mehreren von anderer Art, scheint, wenn der
Krieg fortgesetzt wird, das Bündniß zwischen
Frankreich und den vereinigten Niederlanden sich
auflösen zu wollen. Dieses durch seine auswär=
tigen Besitzungen und seinen ausgebreiteten Han=
del vormals blühende Land hat in dem letzten
Decennium durch unselige Partheisucht an Er=
werbquellen, Geld und Einfluß unbeschreiblich
viel verlohren. Einige persönliche Feinde der
Statthalterischen Parthei machten sich einen An=
hang, und suchten ihre Gegner durch mancher=
lei Mittel zu verdrängen. Ob sie gleich eine
geraume Zeit unterlagen, obgleich der größere
Theil des gemeinen Volks seiner schon lange be=
stehenden Verfassung, in welcher der Staat reich
und angesehen war, geneigt blieb: so glückte es
jenen doch, durch den Winterfeldzug des tapfern
Pichegrü's, endlich ihren Wunsch in so fern zu
erreichen, daß die Oranische Parthei gestürzt
wurde, und sie selbst, unter dem ausgebreitetsten

Einflusse ihrer Bundesgenossen, das Heft der Regierung in die Hände bekamen. Seit dem haben sie diesen Bundesgenossen enorme Summen zahlen, eine Menge Lebensmittel auswärts liefern, und eine ganze französische Armee in ihrem Vaterlande erhalten müssen. England hat ihnen einige ihrer beträchtlichsten Colonien weggenommen, und ihren Handel gänzlich zerrüttet. Gewerbe und Künste stocken; die nothwendige und kostbare Erhaltung ihrer Kanäle, Dämme und Schleusenwerke ist sehr gehemmt; alles droht den gänzlichen Umsturz dieses vorher so blühenden Handelsstaats. Daß diese traurigen Aussichten die Unzufriedenheit des batavischen Volks mit ihrem neuen National-Convente, und dessen Beschützern, den Neufranken, von Tag zu Tage sehr vermehren müsse; daß man nichts sehnlicher als einen nur einigermaßen vortheilhaften Frieden wünsche, ist sehr begreiflich, und durch sichere Nachrichten außer Zweifel gesetzt. Denn was haben die Niederländer bey einem verlängerten Kriege anders zu erwarten, als nur große Geldforderungen von Seiten Frankreichs, den Verlust ihrer Gewürzinseln, und die Vernichtung ihres Handels? Werden sie dann nicht, so wie ehedem Portugall, welches unter Spaniens Herrschaft ähnliche Zertrümmerungen seines Colonienhandels erfuhr, und sich mit gewaffneter Hand von diesem Joche befreite, eine neue Revolution unter dem Beistande anderer Mächte beginnen? Gewiß dieser Zeitpunkt würde das Losungszeichen für eine Menge ausgewanderter deutscher Krieger seyn, um sich wieder unter ihre vorigen Fahnen zu sammeln, und durch engländische Hülfe unterstützt, die vorige Verfassung wieder, (wenigstens zum Theil) herstellen zu helfen. Diese Gefahren für Frankreich sind gewiß keine Hirngespinste. Wenn es nicht in Zeiten durch den Frieden seinen Einfluß auf Batavien zu sichern sucht, so kann es in kurzer Zeit statt eines Bundesgenossen einen erbitterten Feind erhalten, alle seine dortige Festungen wieder verlieren, seine dortigen Geldquellen vertrocknen sehen, und dem Einbruche seiner übrigen Feinde in Belgien nicht zu steuern im Stande seyn. Hier ist nicht die Rede von entfernten Möglichkeiten, sondern von höchstwahrscheinlichen dringenden Gefahren, die durch das seichte Geschwätz politischer Janfarons sich nicht wegräsonniren lassen. Möge also Frankreich, ehe es mit neuem Schaden klug wird, bedenken, was jetzt geschehen muß. Der gegen-

wärtige

wärtige Augenblick ist entscheidend, und nie kommt er, noch so sehnlich gewünscht, wieder.

8) Schon zu lange hat dieses Reich, ohne einen Gehülfen finden zu können, mit den meisten Mächten Europens gekriegt. Warum will es nicht endlich friedlichere Gesinnungen annehmen, da es bey fortgesetztem Kampfe gegen Oesterreich nimmermehr hoffen darf, von irgend einer nordischen Macht Beystand zu erhalten? Weder Dänemark, noch Schweden, noch Preußen finden es recht und ihrem Interesse gemäß, sich für die Sache Frankreichs zu erklären. Schon seit dem Anfange des Kriegs lehnte Dänemark alle Anträge zur Theilnahme an demselben ab, und wollte die Ruhe seines Reichs, die es schon seit siebzig Jahren erhalten hat, nicht stöhren. Schweden hat sich neuerdings mit Rußland genauer vereinigt, hat wegen seines Abgesandten in Paris bedenkliche Mißhelligkeiten mit der französischen Regierung gehabt, und wird auf alle Fälle ihren ferneren Kriegsplanen eher entgegen, als zu Gunsten derselben wirken.— Preußen nahm selbst einige Jahre an dem Kriege gegen Frankreich Theil, und nachdem es davon abgegangen ist, beobachtet es eine genaue Neutralität. Nach

C

den öffentlichen Blättern hat es einige von
England vor kurzem gethane Vorschläge zum
erneuerten Beytritt gegen Frankreich abgelehnt.
Noch weniger ist daran zu denken, daß es diese
Macht unterstützen sollte. Der friedliebende
Monarch der preußischen Staaten sucht das
freundschaftliche Verhältniß mit Oesterreich und
Rußland auf alle Art zu erhalten, fest über=
zeugt, daß dadurch das Wohl seiner Staaten
am sichersten gegründet werden könne. Da also
die französische Regierung alle Hoffnung auf=
geben muß, von einer der drey genannten Mächte=
Unterstützung zu erhalten, und allein zu schwach
seyn dürfte, den tapfern Heeren Oesterreichs zu
widerstehen: so würden alle Maasregeln zur
Fortsetzung des Kriegs zwecklos und thöricht seyn.
Manche weiter sehende Franzosen, und unter
diesen einige Journalisten, legen jezo ein großes
Gewicht auf diese Gründe zum Frieden, und
werden nicht müde, dieselbe ihren Mitbürgern
dringend ans Herz zu legen. Vielleicht zeigt sich
bald der gute Erfolg ihrer ernstlichen Abmahnun=
gen von einem so verderblichen Kriege: vielleicht
daß endlich das Direktorium seine unausführ=
baren Plane aufgiebt, und den Wünschen seiner

Vaterlandes mehr, als bisher, gemäß zu handeln anfängt!

9) Ich darf hier seine lang genährten, und nun auch getäuschten Hoffnungen auf einen Beytritt der Türken gegen Oesterreich nicht mit Stillschweigen übergehen. Frankreich erinnert sich immer mit Wohlgefallen jener Zeiten, wo durch Angriffe eines orientalischen Volks auf Ungarn und Oesterreich seine eigenen Unternehmungen gegen Deutschland begünstigt wurden. Daher sparte es auch diesmal keine Mühe, keine Bestechungen im Divan, keine anlockende Versprechungen, um den türkischen Sultan zum Krieg gegen den römischen Kaiser zu reizen, und dadurch dessen Macht zum Theil nach einer andern Seite hinzuziehen. Noch neuerlich wurde Dübayet (der ehemalige Vertheidiger von Mainz und nachherige Kriegsminister), mit vielen Geschenken und einem zahlreichen Gefolge von Officieren nach Constantinopel gesendet: wahrscheinlich, um neue Versuche der Art zu machen. Aber bisher sind alle diese Bemühungen fruchtlos gewesen, und müssen es auch künftighin seyn. Denn wie sollte es die Pforte, welche durch den letzten Krieg mit Oesterreich

C 7

und Rußland so sehr erschöpft ist, und eine ihrer vornehmsten Festungen gegen das letztere, Oßakow, eingebüßt hat, wagen, ein so gefährliches Spiel, wobey für sie alles zu verlieren, und wahrscheinlich nichts zu gewinnen wäre, aufs neue zu spielen? Würde nicht Rußland mit seiner ganzen Macht über ihre Provinzen herfallen, und dann endlich den längst gehegten Plan zur Eroberung des orientalischen Kaiserthums auszuführen suchen? Nachdem die erhabene Catharina ein so genaues Freundschaftsbündniß mit dem deutschen Kaiser geschlossen hat, ist es nicht mehr möglich, daß die Türken allein mit diesem kriegen können, ohne jene zugleich als ernstliche Theilnehmerin an dem Kampfe gegen sich zu sehen. Auch ist Rußland durch die neue Verbindung mit Schweden von jener Seite her völlig gesichert. Wäre dieses in dem letzten Türkenkriege der Fall gewesen; hätte nicht Gustav der Dritte durch seinen muthigen Angrif die nach Süden bestimmte Macht Rußlands zum Theil gegen Norden gezogen: so würde gewiß das osmannische Reich einen noch weit härtern Frieden bekommen haben. Ferner hat Rußland durch seine neuen großen Acquisitionen in Pohlen

nicht nur an Stärke überhaupt, sondern vor=
züglich durch seine ausgedehnte vortheilhafte
Angränzung an die Türkey an Gelegenheit ge=
wonnen, schnelle und sichere Schläge gegen
diesen längst sehr lästigen Nachbar zu thun.
Wie könnte daher Frankreich in Ernst erwarten,
am schwarzen Meere einen Kriegsgenossen zu
finden? Was auch bisher politische Schwärmer
über diese Aussichten radotirt und gefabelt ha=
ben mögen, so bin ich doch gewiß, daß jetzo
kein einsichtsvoller Franzose mehr dergleichen
Hoffnungen nährt, sondern nach und nach einse=
hen lernt, daß zum Landkriege nirgends ein
Bundsgenosse zu finden ist.

10) Im Gegentheil hat die russische Kaiserin
dem Beherrscher Deutschlands ihren mächtigen
Beystand zugesichert. Eine der wichtigsten Ver=
änderungen in dem politischen Verhältnisse Eu=
ropens ist die vor einiger Zeit abgeschlossene
Triple = Alliance zwischen Oesterreich, Rußland
und England, welche künftighin noch die aus=
gebreitesten Folgen erwarten läßt. Der erste
Staat ist reich an den fruchtbarsten Ländern,
hat eine der disciplinirtesten und zahlreichsten
Armeen des Erdbodens, und ist an immer neuen

Hülfsmitteln unerschöpflich. Rußland, die
größte Monarchie der neuern Zeiten, fasset in
seiner weiten Ausdehnung vom Kamtschadalischen
Meere und China bis an die Weichsel zwar
manche Steppen, und nur von rohen Horden
bewohnte Gegenden, aber auch manche volkreiche
und fruchtbare Provinzen in sich. Seine Land=
macht ist eine der furchtbarsten in der Welt.
Vom Anfang der französischen Revolution her
war Catharina dieser Veränderung äußerst
zuwider, und unterstützte die Emigrirten. An
dem Seekriege nahm sie seit einiger Zeit An=
theil, indem sie durch eine Flotte die Küsten
Hollands bloquiren ließ. Da sich während sechs
ruhiger Jahre die Kräfte ihres Reichs sehr ge=
stärkt, ihre Schatzkammern sich gefüllt haben,
und weder von Norden, noch von Süden
feindliche Angriffe zu befürchten sind: so ist sie
mehr, als irgend eine andere europäische
Macht, im Stande, auf der Seite, wo sie sich
hinneigt, einen entscheidenden Ausschlag zu
geben. Ihre neuesten freundschaftlichen Ver=
sicherungen gegen Oesterreich machen es mehr
als wahrscheinlich, daß sie, wenn nicht bald
die Göttin des Friedens auf unsere Fluren
herablächelt, ein starkes Bundesheer gegen

Frankreich abſenden wird. Was ſchon jetzo
öffentliche Blätter davon melden (z. B. daß
ſich viele ruſſiſche Truppen an der Galliciſchen
Gränze zuſammenziehen ſollen, daß man von
Seiten Rußlands bey dem preußiſchen Cabinet
um den Durchmarſch einer Armee durch Weſt-
preußen und Schleſien nachgeſucht habe), macht
obige Vermuthung noch wahrſcheinlicher. Mag
nun dieſe Hülfsarmee blos zur Deckung der
öſterreichiſchen Staaten beſtimmt ſeyn, damit
der Kaiſer noch mehrere Truppen an den Rhein
ziehen könne; oder mag ſie ſelbſt an die
Gränzen von Deutſchland und zum unmittel-
baren Angrif der neufränkiſchen Heere geſendet
werden — beydes iſt für dieſe höchſtgefährlich.
Alle übrige Vermuthungen, in Betreff dieſer
Angelegenheiten, welche nichts weiter als Vermuthungen ſind, laſſe ich unberührt. Genug,
daß Frankreich, wenn es keinen Frieden macht,
nur allzubald einen neuen wichtigen Feind gegen
ſich ſehen dürfte. Kann es jetzo den kaiſerlichen
Heeren in Deutſchland nirgends gehörigen
Widerſtand leiſten, wie wird es gegen die
vereinte Macht der beyden Kaiſerhöfe zu ſtehen
vermögen? Anſtatt daß es bey dem Schluſſe
dieſes Feldzugs im Frieden einige beträchtliche

Vortheile zu erhalten hoffen darf, würde es
vielleicht noch nach einem sechsten Feldzuge ge=
drungen seyn, den Frieden unter harten Be=
dingungen zu suchen. Es verlasse sich nicht zu
sehr auf seine Festungen. Diese sind nur bis
auf einen gewissen Zeitpunkt eine sichere Vor=
mauer: aber wenn alle Kräfte des Staats zu
sehr erschlaffen, wenn Mißmuth und Verzweif=
lung in den Armeen einreißen, wenn durch
kunstmäßige Belagerungen oder Sturm einige
Festungen gefallen sind; so möchte es zu spät
seyn, unter ganz veränderten Umständen das
Kriegsmanövre vom Jahr 1794 zu wiederholen.
Wo es so sehr um das Wohl und Wehe der
Menschheit gilt, wie hier, wäre es Herzlosigkeit
oder Tollkühnheit, Wahrscheinlichkeiten, die so
vieles für sich haben, als der Beytritt Rußlands
zum Kriege, nicht achten, und einen so unseligen
Zwist aufs blinde Ohngefähr hin immer noch
verlängern zu wollen.

11) Die dritte gegen Frankreich alliirte
Hauptmacht ist England. Dieses Reich, dessen
Kräfte zur See in den neuern Zeiten zu einem
außerordentlichen Grade gestiegen sind, dessen
Kriegs = und Handelsschiffe alle Meere bedecken,

und deſſen Handel der blühendſte iſt, welcher je
unter allen Nationen exiſtirte, hat Frankreich in
dieſem Kriege ſchon unendlich vielen Schaden
gethan, und vermag ihm noch immer mehr
zu ſchaden. Es fehlt ihm nicht an Geld, um
immerfort neue Flotten auszurüſten, den Landmächten Subſidiengelder auszuzahlen, und durch
heimliche Einwirkung in Frankreich (wenigſtens
behaupten dieſes die franzöſiſchen Schriftſteller
einſtimmig), den Geiſt der Unzufriedenheit mit
der Regierung, und den Wunſch zur Wiederherſtellung der Monarchie zu erhalten. Es
fehlt ihm nicht an Credit, um unermeßliche
Summen, wenn ſie der Staat bedarf, ſogleich
herbeyzuſchaffen. Endlich fehlt es ihm auch
nicht an Menſchen zur Bemannung ſeiner Schiffe.
Kurz, es hat alle Mittel in Händen, ſeine
Feinde dieſſeits des Canals das Unglück eines
verderbenden Seekriegs aufs härteſte fühlen zu
laſſen. Die Rivalität dieſer beyden Mächte,
woraus bekanntlich ſchon vor langer Zeit lang-
wierige blutige Landkriege entſtanden ſind, fand
nur Nahrung, als ſie ſich zu dem Rang zweyer
wichtigen Seemächte erhoben, und in allen
Welttheilen benachbarte Handelsplätze erhielten.
Seitdem verbreitet ſich jeder Krieg unter ihnen in

Oft = und Westindien, an den Küsten Afri=
ka's, im Mittelmeer u. s. w. Vorzüglich fand
das schon so lange glimmende Feuer der Zwie=
tracht neuen Zunder zur Zeit des Abfalls der
Nordamerikanischen Freystaaten von ihrem
Mutterlande. Durch Frankreichs thätige Unter=
stützung wurde es ihnen leichter, ihren Zweck
zu erreichen. England verlohr überdies noch
andere nicht unbeträchtliche Besitzungen an
Frankreich und Spanien. Es war also leicht zu
erwarten, daß das brittische Ministerium den
Zeitpunkt der französischen Revolution, und der
dadurch herbeygeführten Verwirrung, auf alle
Weise zu seinem Vortheil zu benutzen suchen
würde, welches es auch jetzo, ohne gehörigen
Widerstand zu finden, mit aller Anstrengung
gethan hat. Obgleich seine Absichten durch den
Landkrieg weniger begünstigt wurden, so hat es
doch zur See über alle Erwartung glücklich
gefochten, hat eine Menge Kriegsschiffe erbeutet,
den Seehandel Frankreichs zerrüttet, dessen
Flotten zum Theil ganz unthätig gemacht,
Corsika, Martinique, Pondichery u. s. w. (außer
den holländischen Besitzungen am Cap, auf
Ceylon, auf der Küste Malabar), erobert, und
die übrigen Colonien mit einem ähnlichen

Schicksale bedrohet. Pitts tiefangelegte Plane,
seinem Vaterlande in dieser wichtigen Epoche
die Herrschaft zur See zu verschaffen, sind
durch Gewalt und List realisirt worden, und
der Ausgang hat gelehrt, daß Frankreich auf
dieser Seite viel zu schwach war, seinem Neben=
buhler zu widerstehen. Seine Marine, die
während der Regierung des unglücklichen Lud=
wigs XVI, welcher sich so sehr dafür interessirte,
blühend geworden war, verlohr durch die
Revolution eine Menge der geschicktesten Officiere.
Auch fehlte es an innerer Energie, um den
Verlust an Schiffen bald wieder zu ersetzen.
Persönlicher Muth und Tapferkeit, welche im
Landkriege öfters entscheidende Siege bewirkten,
sind bey weitem nicht genug, um einen glück=
lichen Seekrieg zu führen. Und was haben
Frankreichs Gewalthaber für Gründe, um bey
fortgesetztem Seekriege eine bessere Wendung ih=
rer Angelegenheiten zu erwarten? Ich weiß
wohl, daß man schon längst von einer Lan=
dung in Großbrittanien geträumt hat. Aber wer
wird im Ernst an die Ausführbarkeit eines so un=
überlegten Projekts glauben? Welcher Anschein ist
vorhanden, daß die geschwächten, zum Theil in
ihren Häfen eingeschlossenen französischen Flotten

im Stande seyn sollten, die zahlreichen, gut
bemannten und mit allem versehenen Flotten
Englands zurückzuschlagen, und zur Hinderung
des genannten Projekts untüchtig zu machen?
Und dieses müßte doch vorher geschehen: es
müßte überdies noch eine starke Seemacht zur
Reserve da liegen, um bey widrigen Vorfällen
bey der Hand zu seyn, und die engländischen
Schiffe in ihre Häfen einzuschließen. Und wie
würde eine Armee, wenn sie auch bis an die
Küsten von England käme, weiter vorzudringen
vermögen, da sich ihr alsdann gewiß eine weit
zahlreichere Macht, von neuerwachtem National=
haß beseelt, entgegenstellen, ihr alle Zufuhr
abschneiden, und sie entweder ganz vernichten,
oder mit großem Verlust zurücktreiben würde?
Auch hier mag die Geschichte ähnlicher Unter=
nehmungen und ihres Erfolgs sprechen. — Aber
noch ist eine wichtigere Hoffnung, auf welche
Frankreich jetzt viel zu bauen scheint, zu über=
legen übrig. Spanien hat sich mit ihm ver=
bunden, und will, wie man sagt, wenn der
Friede nicht zu Stand kommt, gemeinschaftliche
Sache gegen England machen. Eifersüchtig
über das große Uebergewicht des letztern zur
See, gedenkt es durch Verschließung der portu=

giefifchen Häfen für die brittifchen Schiffe,
durch einen Angrif auf Gibraltar, oder dergleichen, einen vortheilhaften Frieden für fich
und feinen Bundsgenoffen zu erzwingen. Ich
zweifle überhaupt noch fehr, ob Spanien, wenn
es gleich drohet, und einige Feindfeligkeiten
gegen England ausübet, ernflich zum Kriege
geftimmt ift. Vielmehr fcheinen diefe Drohun-
gen nur dazu zu dienen, um das brittifche
Minifterium nachgiebiger und zum Frieden
bereitwilliger zu machen. Schon mehrmals, und
noch neuerlich bey den Streitigkeiten über den
Handel am Nutkafunde, fchien ein Bruch
zwifchen diefen beyden Mächten unvermeidlich.
Diefer erfolgte aber nicht, fondern es wurde
alles gütlich beygelegt. Spanien erinnert fich
gewiß noch an die für es felbft fehr unglückliche
Gefchichte des fiebenjährigen Krieges, da es
durch feinen fpaten Beytritt zum Seekriege
Frankreichs gegen England, als des erftern
Flotten in einer traurigen Lage, des letztern feine
aber überall fiegreich waren, reiche Handels-
flotten und Colonien einbüßte. Und damals
war die engländifche Seemacht noch nicht fo
ftark und ausgebreitet, wie jetzo. Was diefen
Betrachtungen noch mehr Gewicht geben muß, ift

der starke Verlust an Geld und Menschen, welche
Spanien seit mehreren unglücklichen Kriegsjah=
ren erlitten hat. Wie will es also, erschöpft
und zu einem schweren Seekriege nicht gehörig
bereitet, verbunden mit einem hülflosen Nach=
bar, gegen die starke Macht Englands aushalten
können? — Dies alles wünschte ich von der
französischen Regierung sehr beherzigt zu sehen,
ehe sie sich entschließet, auf eine unsichere Hülfe
sich verlassend, die Anträge Englands zum
Frieden abzuweisen, und sich sichern, noch
größern Gefahren auszusetzen. Denn wer
bürgt ihr dafür, daß Frankreichs übrige Colo=
nien, z. B. Domingo, Isle de France, oder
die Moluffen und Batavia, nicht auch noch
verlohren gehen? Wenigstens würde ein längerer
Krieg gewiß den Zustand der französischen
Marine noch mehr verschlimmern, und die noch
übrigen Reste der Handelsquellen, die durch lange
Ruhe dereinst wieder ergiebig werden könnten,
gänzlich zerstöhren. Die jetzige Lage Frank=
reichs im Verhältniß gegen England erfordert
eine schleunige vortheilhafte Veränderung; oder
die Hoffnung, dem sinkenden Wohlstande wie=
der nach und nach aufzuhelfen, geht auf lange
Zeit unwiederbringlich verlohren. Was wollen

die Aufopferungen, die jetzo gemacht werden müssen, bedeuten, wenn man die Errettung aus einem hülflosen Zustande, und die Abwendung der gänzlichen Zernichtung des Seehandels dagegen betrachtet?

12) Eins der dringendsten Motive zum Frieden liegt in der rettungslosen Lage der französischen Finanzen. Man wende mir nicht ein, daß dieser Punkt schon so oft urgirt worden sey, um die baldige Nothwendigkeit des Friedens zu beweisen, ohne daß er erfolgt sey. Nach einer etwas genauern Ueberlegung des jetzigen Zustands der Finanzen (der sich seit Jahr und Tagen nicht verbessert, sondern verschlimmert hat), wird sich hierauf, wie ich hoffe, befriedigend antworten lassen. In was für einer kritischen Lage sich dieses Reich schon vor der Revolution wegen der ungeheuren Schuldenlast, die es drückte, und durch keine Mittel abgewendet werden konnte, befand, ist bekannt genug. Vielleicht würde dennoch, durch thätige Beywirkung aller Unterthanen zu den redlichen Absichten des gutgesinnten Königs, auch durch dieses Labyrinth ein Ausweg zu bessern Zeiten

zu finden gewesen seyn. Aber durch die Re=
volution, und den darauf folgenden harten
Krieg, wurde ein völliger Staatsbankerutt und
die äußerste Zerrüttung der innern Staatskräfte
herbeygeführt; kein gemeinschaftliches patrio=
tisches Interesse zur Abwendung oder wenig=
stens Verminderung der großen Uebel fand sich
mehr: an dessen Statt traten Eigennuß,
Habsucht und ein ganzes Heer von verderblichen
revolutionären Mitteln, die allen bisherigen
Credit der Nation vernichten mußten. Auch ist
es nicht zu läugnen, daß durch die Auswan=
derungen so vieler Tausende sehr große Sum=
men aus dem Reiche geführt wurden, wenn
gleich diese Exportationen des baaren Geldes
von einigen Schriftstellern zu sehr übertrieben
vorgestellt, von andern aber als sehr gering
angenommen wurden. Es war also voraus
zu sehen, daß in dieser dringenden Lage
ein sonst so gewöhnliches Mittel, das Papier=
geld, angewendet, und an die Stelle der
wahren Reichthümer gesetzt werden würde.
Durch die Assignaten wurde so viel bewürkt,
daß zu der Zeit der größten Gefahren für
Frankreich der Lauf der revolutionären Unterneh=
mungen im Innern, und der Kriegsoperationen
gegen

gegen seine Feinde eine Zeitlang gefördert wurde. Man mußte bey Lebensstrafe diese an sich nichts geltende Zeichen dem Gelde an Werthe gleich annehmen, und dafür die Produkte zu einem bestimmten Preise verkaufen. Aber dieser gezwungene hohe Werth des Papiers, und das Maximum der Produktenpreise, zwey unerhörte und äußerst drückende Maasregeln der Terroristen (andere übergehe ich hier), mußten mit dem Sturz Robespierre's und seines Systems wieder fallen. Dazu trug vorzüglich auch die ungeheure Menge der Assignaten, welche, als die Fabrik einmal im Gange war, verfertigt wurden, vieles bey. Als ihre Menge auf fünf und vierzig tausend Millionen Livres (eine Summe, welche die Menge alles in Europa befindlichen baaren Geldes ohngefähr fünfmal übersteigt), angewachsen war, und das Gesetz, sie dem baaren Gelde al pari zu stellen, sein Ansehen verlohren hatte: so sank ihr Werth nach und nach auf Nichts herab. Nun war das ganze Reich mit nichtsgeltendem Papiergelde überschwemmt, und nirgends wollte sich ein Weg zeigen, wie man die großen Ausgaben zur Fortsetzung des Kriegs auffinden könnte. Das

D

gezwungene Anleihen zu sechshundert Millionen
Livres, welches zum Theil in baarem Gelde
erlegt werden sollte, wollte nicht von statten
gehen. Endlich erfand die jetzige Regierung eine
andere Art von Papiergeld, die Mandaten,
welche an den eingezogenen Gütern des Königs,
des Adels und der Geistlichkeit, den jetzigen
Nationalgütern, eine bestimmte Hppothek er=
hielten. Die Assignaten wurden annullirt, und
von den Mandaten wurde eine bestimmte
Summe (wo ich nicht irre, von zweytausend
vierhundert Millionen Livres), zu verfertigen
versprochen. Dagegen wurde jedem Besitzer
derselben verstattet, ein bestimmtes Nationalgut
zu kaufen, wenn er dafür sogleich den vierten
Theil des Preises an baarem Gelde erlegte.
Aber das Zutrauen zu Papiergeld war bey der
Nation schon dermassen gesunken, daß auch
bald die Mandaten äußerst gering gegen das
Geld im Werthe standen. Dieser geringe Preis
derselben verursachte denn wieder, daß sich zu
den Nationalgütern wenige Käufer meldeten.
Denn gesetzt, es wollte einer ein Gut, das in
vorigen Zeiten fünfzigtausend Livres werth war,
kaufen: so konnte er es bey dem jetzigen Stand
des Papiers nicht geringer (wo nicht noch

höher); als für viermal hunderttausend Livres
erhalten, und mußte alsdann den vierten Theil
des Kaufpreises; das ist, hunderttausend Livres
an baarem Gelde erlegen. So mußte also alles
Gewerbe stocken, und diese neue Maasregel
scheint in kurzem das Schicksal der vorigen zu
erfahren. Wer daher einen gegründeten Einwurf
gegen die Vorstellungen von dem zerrütteten
Finanzsystem der französischen Regierung zu
machen glaubt, indem er sagt: „Daß sich
„dieselbe bisher noch immer geholfen habe, und
„auch diesmal, wenn der Friede nicht zum
„Abschluß kommen sollte, wieder eine neue
„Auskunft zu finden wissen würde„ — der
bedenkt nicht, daß die Erschöpfung immer
größer wird, und daß ein sich immer verschlim-
mernder Zustand ungezweifelt endlich einmal
zu einem Punkte führen muß, wo die ganze
Maschine stockt. Der Geldzufluß von außen
fehlt schon jetzo fast gänzlich, weil der aus-
wärtige Credit vernichtet ist. Was Frankreich in
der Schweiz, im Norden, in Spanien rc. kauft,
muß es mit baarem Gelde bezahlen, oder seine
Produkte dagegen vertauschen, aber von seinen
Mandaten kann es hier keinen Gebrauch machen.
Für diese Bedürfnisse, wovon ich nur was

Getreide und die Pferde nennen will, gehet
gewiß jährlich eine ungeheure Summe ins
Ausland. Auch die Landtruppen sind es müde,
sich immer mit Papier, wofür sie nichts kaufen
können, besolden zu laſſen, und müſſen jezo
ihren Sold in baarem Gelde erhalten. Dieſes
iſt um ſo nothwendiger, da es ſonſt nicht
möglich iſt, die verfallene Diſciplin der Armee
einigermaſſen wieder herzuſtellen, und ihren
Räubereyen, wodurch ſie Freunde und Feinde
aller Orten gegen ſich aufbringen, Einhalt zu
thun. Das Projekt, die Truppen auf Koſten
des Feindes zu erhalten, iſt größtentheils
geſcheitert. Nach dem für Frankreich ſo un-
günſtigen Ausgang des diesjährigen Feldzugs in
Deutſchland muß es die meiſten ſeiner Armeen
wieder aus eigenen Mitteln verſorgen. — Und
welche ungeheure Ausgaben erfordert die Marine,
wenn ſie nur zu einiger Bedeutung erhoben
werden ſoll? Und dieſes müßte doch geſchehen,
wenn der Krieg mit England fortgehen ſoll.
Hier helfen die Mandaten nicht aus, wie jeder
Sachverſtändige gerne zugeben wird. Und die
Marine in ihrem jetzigen Zuſtande zu laſſen,
ſeine Kräfte blos auf den Landkrieg zu verwen-
den, und ſeine Colonien gänzlich preis zu

geben, welch eine Politik wäre das! — Ueberdies war die Klage der Franzosen seit dem Anfang des Kriegs bis jetzo nur allzu gegründet, daß ein großer Theil der Einkünfte zwecklos verschwendet, und ein noch größerer durch die Habsucht vieler Verwalter dem Staate entzogen würde. Daher steigen öfters die Ausgaben für einzelne Monate zu unglaublicher Höhe, ohne daß Jemand bestimmt und nach belegten Rechnungen anzugeben wüßte, wo das viele Geld hingekommen sey. — Auch die Brandschatzungen, welche die französischen Armeen aus Deutschland und Italien gezogen haben, konnten nur eine geringe Lücke in der leeren, alles verschlingenden, und immer mehr bedürfenden Schatzkammer füllen. Ein großer Theil von diesen Requisitionen in Deutschland konnte bey der schnellen, für dieses Reich glücklichen Wendung des Kriegsglücks gar nicht erhoben werden. Viele Wagen voll Geld, Munition, Magazine von Lebensmitteln, Waffen u. s. w. sind den Franzosen auf ihrem Rückzuge theils von den kaiserlichen Truppen, theils von den Bauern abgenommen worden. Sehr ansehnliche Summen flossen in die Privatbeutel der Commissäre, mancher Generale und

Unterbefehlshaber, und der zahlreichen Horden von Lieferanten. So bald diese Menschen ihren Geldgeiz befriedigen können, ist ihnen alles feil. Geld vermag sie jeden Augenblick zum Schaden ihres Vaterlandes thätig oder unthätig zu machen, wie man es verlangt. Man frage hierüber aufmerksame Beobachter, die durch diesen Feldzug diesseits des Rheins mit der französischen Art und Kunst, Krieg zu führen, vertrauter geworden sind, oder solche, die es jenseits des Rheins schon längst waren. (Vielleicht liefere ich zu einer andern Zeit manche, diese Sache betreffende, und durch untrügliche Zeugnisse bestätigte Anekdoten, worüber mancher erstaunen wird). Was also von diesen Brandschatzungen noch zuletzt nach Paris gekommen ist, reicht nur zu den dringendsten Bedürfnissen weniger Monate hin, und kann als Quelle zur Fortsetzung des Kriegs gar nicht in Anschlag gebracht werden. Daher glaube ich, daß eine richtig gezogene Bilance zwischen dem vorräthigen und binnen Jahresfrist zu hoffenden Staatsvermögen, und den großen Erfordernissen zur Fortsetzung eines kostbaren Kriegs, vorzüglich vermögend seyn wird, Frankreichs Gewalthaber zum Frieden zu stimmen;

Das große Defizit in den Finanzen läßt sich durch alle patriotische Aufforderungen an eine größtentheils ganz egoistisch gewordene Nation nicht heben, und durch alle Deklamationen nicht wegräsonniren.

13) Und ach! in welchem Verfall sind Ackerbau, Handlung und alle Künste des Friedens! Wie kläglich sind die Aussichten auch in dieser Rücksicht für Frankreich, wenn die Furien des Kriegs und der Zwietracht noch länger ihre Geißeln über dieses unglückliche Reich schwingen sollten! Dem Ackerbau, dieser vorzüglichsten Stütze jedes Staats, fehlt es schon längst an Händen. Ganze Provinzen sind durch innerliche Zwietracht, durch mordbrennerische Jakobiner, und durch die Flucht ihrer ehemaligen Bewohner entvölkert. Die übrigen Gegenden haben alle ihre junge Mannschaft in den auswärtigen Krieg senden müssen, und entbehren bey längerer Dauer desselben auch der Hoffnung, sie bald wieder im friedlichen Familienkreise und am Pfluge zu sehen. Soll dann diese verheerende Seuche noch mehrere Schaaren von rüstigen Männern aufzehren,

noch mehrere verstümmeln, und der Landes=
kultur entziehen? Sollen ganze Strecken Landes
nur von Weibern, Kindern, Greisen und
mannbaren Mädchen, die vergeblich auf die
Rückkunft ihrer Geliebten harren, bewohnt,
noch lange allein die schwere Lasten der Staats=
erhaltung und Versorgung der Kriegsheere
tragen? Sollen vorher fruchtbare Gefilde aus
Mangel an Bevölkerung endlich zu Wüsten
werden, um dann bey erneuerten Kriegen dem
eindringenden Feinde ohne Mühe zur Beute zu
werden? Die Manufakturen Lyons und anderer
reichen Städte sind hin: die Arbeiter sind
theils entflohen, theils vom Kriege verzehrt.
Die berühmtesten Handelsplätze liegen verödet:
der Handwerker hat sein Weib und seine Kinder
verlassen müssen, um die Waffen zu tragen.
Die Pflanzschulen der Künste und Wissenschaften
sind verheert, und die neu errichteten finden
erst bey wiederkehrendem Frieden Gedeihen.
Der jüngere Nachwuchs der Nation ist wäh=
rend der schrecklichen Verwirrung verwildert,
ohne Sitten, Religion und Anhänglichkeit an
süße Familienverhältnisse. Doch wer vermag
alle die traurigen Folgen dieses fürchterlichen
Kriegs zu nennen! Wer beschreibt alle das

Elend, welches Mord und Raub in allen
Winkeln Frankreichs, und der lange, über
allen Ausdruck hartnäckigte Kampf gegen so
viele Feinde über dieses Volk gebracht haben!
Schaudert ihr nicht, Beherrscher Frankreichs,
bey dem Anblick eurer niedergebeugten, abge-
härmten Nation, die euch um die Wiederkehr
des Friedens, um die Erhaltung der noch
übrigen Cultur, und des aus dem allgemeinen
Sturm mit Mühe geretteten Restes von Mitteln zu ihrer künftigen Subsistenz anflehet?
Wenn ihr noch Gefühl für menschliches Wohl
und Weh, noch ein Herz für die Empfindungen
des Mitleids habt: so erweichet endlich euren
harten Sinn. Bietet die Hände zu dem Frieden, den euch eure Nachbarn gern gewähren,
wenn ihr von den übertriebenen Planen der
Eroberungssucht, dieser Pest der Menschheit, nachlasset. Wie? ist nicht Frankreich
groß genug, um bey sorgsamer Pflege seiner
Kinder, Beschützung seiner Künste und Anpflan-
zung seiner verödeten Strecken dereinst neu
und beglückt wieder aufzublühen? Bedarf es
hier solcher kleinlichen Eroberungsplane? Wer-
fet diese Fesseln politischer Vorurtheile endlich
einmal ab, damit nicht länger eure ost

geäußerten lobenswürdigen Entschließungen, alles zur Wohlfahrt des Vaterlandes anzuwenden, bloße Worte bleiben; damit der auffallende Contrast zwischen euren Aeußerungen und Handlungen verschwinde. Gebt dem Ackerbau seinen Pflüger, der Gattin und Kindern ihren Hausvater, der wehrlosen Unschuld ihren Beschützer wieder. Sorgt, wie ihr bisher schon rühmlich anfienget, für die Ausbreitung der Wissenschaften, und Erhaltung der die Menschheit veredelnden Künste, statt daß ihr länger verderbliche Kriegsplane nährt, um den Durst nach fremden Ländern und Schätzen zu stillen. Gewähret euren tapfern Kriegern, die des Kampfs endlich müde sind, die lange verdiente Ruhe. Jetzt werden sie sich bald wieder in die Gleise der bürgerlichen Ordnung finden: aber überlaßt ihr sie länger dem Kriegsgetümmel und der Gelegenheit zu zügelloser Befriedigung ihrer Begierden: so werden sie diese Lebensart in euren Grenzen fortsetzen, noch größere Sittenverderbniß verbreiten, und die gefährlichsten Feinde der innern Ruhe werden.

14) Alles ruft euch den Wunsch der Nation nach Frieden zu. Verschmähet diesen Zuruf der Menschheit nicht. Glaubt ihr, daß nur ihr allein, und nicht auch die vielen Millionen Menschen eures Vaterlandes die dringendsten Bedürfnisse desselben kennen? Aus so vielen Zeitschriften, aus den Briefen der redlichsten Vaterlandsfreunde, aus dem Munde Pichegrü's — welch ein gefeyerter Name! — aus dem Munde so vieler Tausende tönt euch der allgemeine Wunsch nach Frieden zu. Gewiß, es würde eine der mißlichsten Lagen seyn, in welche ihr euch und euer Regierungssystem versetzen könntet, wenn ihr gegen diese laute Stimme der ganzen Nation dennoch auf dem Vorsatz zum Kriege beharren wolltet. Würden die zahllosen Partheyen, die euch umgeben, und zum Theil euren Rathschlägen von Herzen gram sind, nicht alle sich gegen euch vereinigen, und das Volk zum Aufstand bewegen? Diejenigen, welche die monarchische Regierungsform zurückwünschen, würden alsdann hoffen, auf den Trümmern eurer Herrschaft desto leichter den Königsthron wieder aufzurichten. Der fürchterliche Haufe der bisher niedergedrückten Jakobiner, dem die Constitution von 1795 ein

Greuel iſt, würde das Dringen des Volks nach
Frieden zu einer neuen Revolution zu benuͤtzen
ſuchen, um uͤber eure Leichen ſich einen Weg zur
vorigen Herrſchaft und der Wiederherſtellung des
Schreckensſyſtems zu bahnen. So viele andere
Taugenichtſe, welche die allmaͤhlige Wiederkehr
der innern Ruhe ſchon muͤde ſind, weil es fuͤr
ſie nicht mehr ſo viel zu rauben giebt, koͤnnen
leicht im Zaum gehalten werden, wenn nach
der Herſtellung der aͤußern Ruhe die ausuͤbende
Staatsgewalt unter dem Schutz ausgeſuchter
und redlicher Krieger mit mehrerer Energie gegen dieſe Boͤſewichter wuͤrken kann. — Aber
wenn ihr euer Ohr vor den Warnungen eurer
beſſern Zeitgenoſſen verſchließt, und ſtatt des
Oelzweigs das Schwerd aufs neue ergreift: ſo
irret ihr in der groͤßten Gefahr, von dem Haß
aller Partheyen und dem aufgewiegelten Volke
erdruͤckt zu werden. Ihr wandelt auf einem
Vulkane, deſſen innerer Feuerſchlund ſich zu
oͤffnen und euch zu verſchlingen droht.

www.ingramcontent.com/pod-product-compliance
Lightning Source LLC
Chambersburg PA
CBHW031749090426
42739CB00008B/936